Índice

Educational Media

rourkeeducationalmedia.com

¿Puedes encontrar estas palabras?

algodón

arcilla

molino
de viento

sal

¿De dónde viene?

La madera viene de los árboles. La gente usa madera para hacer juguetes.

El **algodón** viene de las plantas.

algodón

Algunas prendas son de algodón.

Obtenemos **sal** del mar.

sal

La **arcilla** viene de la tierra.

arcilla

Algunos tazones están hechos de arcilla.

El petróleo viene de debajo de la tierra.

La gasolina está hecha de petróleo.

molino de viento

Un **molino de viento** convierte el viento en energía.

¡La energía del viento puede hacer que nuestras luces se enciendan!

¿Encontraste estas palabras?

El **algodón** viene de las plantas.

La **arcilla** viene de la tierra.

Un **molino de viento** convierte el viento en energía.

Obtenemos **sal** del mar.

Glosario fotográfico

 **algodón:** una planta que produce vainas de semillas con fibras blancas y esponjosas.

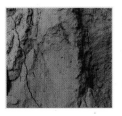 **arcilla:** una especie de tierra que puede ser moldeada cuando está mojada y hornearse para hacer ladrillos o cerámica.

 **molino de viento:** una estructura con cuchillas largas que giran en el viento para producir energía.

 **sal:** una sustancia blanca que se encuentra en el agua del mar y debajo de la tierra. La sal se usa para sazonar y preservar alimentos.

15

Índice analítico

Sobre la autora

Lisa K. Schnell escribe libros para niños. También le gusta bailar, hacer arte y jugar con arcilla.

www.rourkeeducationalmedia.com

PHOTO CREDITS: Cover: ©EvgeniiAnd; p. 2,8,14,15: ©Elena Arkadova; p. 2,4,14,15: ©Gargonia; p. 2,6,14,15: ©By voy ager; p. 2,12,14,15: ©Leigh Trail; p. 3: ©AVTG; p. 5: ©khvost; p. 9: ©YakubovAlim; p. 10: ©Sergei Dubrovskii; p. 11: ©andresr.

Edición: Keli Sipperley
Diseño de la tapa: Kathy Walsh
Diseño interior: Rhea Magaro-Wallace
Traducción: Santiago Ochoa
Edición en español: Base Tres

Library of Congress PCN Data
¿De dónde viene? / Lisa K. Schnell
(Me pregunto)
ISBN (hard cover - spanish)(alk. paper) 978-1-64156-938-5
ISBN (soft cover - spanish) 978-1-64156-962-0
ISBN (e-Book - spanish) 978-1-64156-986-6
ISBN (hard cover - english)(alk. paper) 978-1-64156-188-4
ISBN (soft cover - english) 978-1-64156-244-7
ISBN (e-Book - english) 978-1-64156-295-9
Library of Congress Control Number: 2018956018

Printed in the United States of America, North Mankato, Minnesota